Mon encyclo du poney

Hélène Montardre

MILAN jeunesse

Sommaire

page
54

Les races de Chevaux

page
70

Les Soins et les métiers

page
84

En Selle !

page
96

Les disciplines

page
114

Les peuples cavaliers

Poney, qui es-tu ?

Le poney appartient à la famille des équidés. L'âne ou le zèbre, qui lui ressemblent, en font aussi partie. Tous ont les pieds qui se terminent par des sabots.

Un Corps de Poney

Des jambes, des sabots, une crinière, une encolure... pour parler du corps d'un poney, on utilise un vocabulaire particulier.

Le corps

Le poney est bâti pour la course. Ses jambes sont longues et fines par rapport à son corps. Celles de devant se nomment les « antérieures » ; celles de derrière, « les postérieures ».

La queue et la crinière du poney lui servent à se protéger des insectes.

La tête

Le cou du poney est long et fort. Il porte le nom d'encolure. Sa tête est allongée, avec les yeux placés sur le côté. Ainsi, il peut voir presque tout autour de lui. Et la touffe de poils qui tombe entre ses oreilles ? Elle s'appelle le toupet.

L'ensemble des poils qui tombent sur l'encolure forme la crinière.

Les naseaux

Pour capter les odeurs, les naseaux du poney peuvent s'ouvrir largement. Ils portent des vibrisses : ce sont de longs poils qui lui permettent de « sentir » les choses qu'il touche. Il ne faut jamais les couper !

Le poney a un très bon odorat. Pour reconnaître un autre poney, il commence par le flairer.

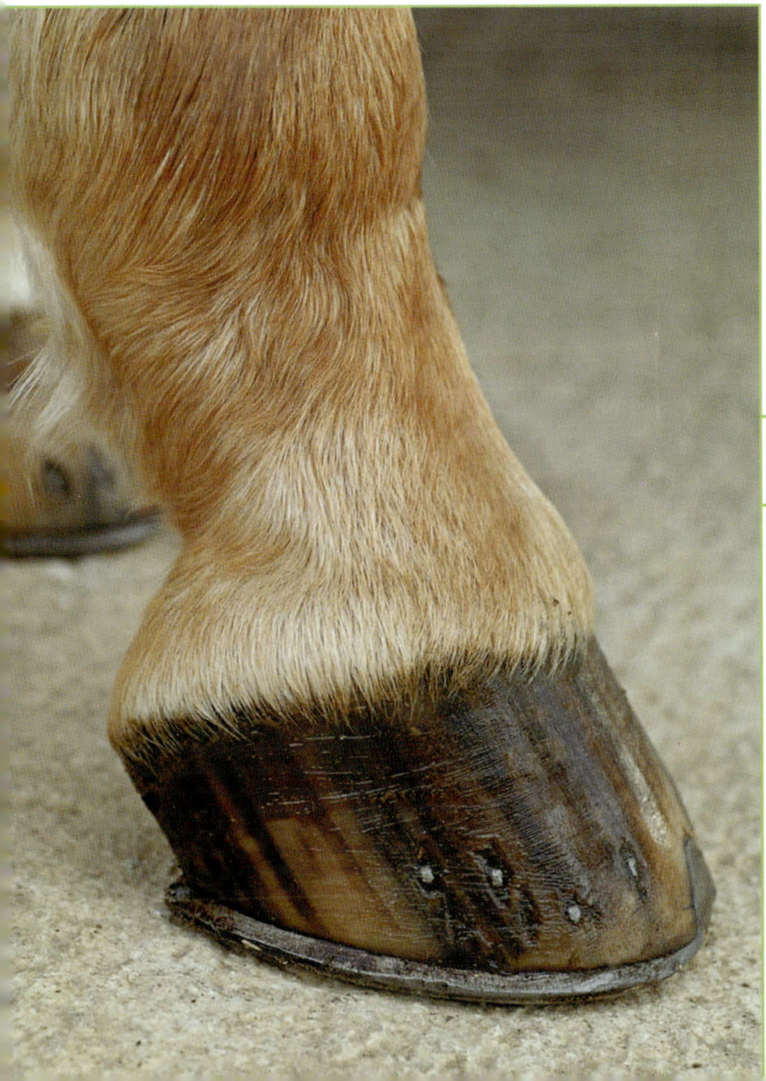

Le fer protège le sabot quand le poney marche sur un sol trop dur par exemple.

Les sabots

Le pied du poney se termine par un seul doigt : le sabot. Il est en corne et il pousse régulièrement : un centimètre par mois environ ! Il faut le couper au fur et à mesure.

Les robes

L'ensemble des poils et des crins du poney porte le nom de « robe ». Les robes des poneys et des chevaux ont des couleurs très variées.

Les robes simples

Pour reconnaître les robes simples, c'est tout simple ! Les poils et les crins de la queue et de la crinière sont de la même couleur. Par exemple, tout blancs, ou tout noirs, ou tout bruns.

Un poney avec les poils et les crins marron porte une robe alezane.

Les robes composées

Pour reconnaître les robes composées, c'est facile : les poils sont d'une couleur et les crins de la queue et de la crinière d'une autre. Par exemple, les poils sont gris et les crins noirs ou bien les poils sont café au lait et les crins noirs.

Un poney avec les poils marron et les crins noirs porte une robe baie.

Les robes extraordinaires

Pour reconnaître les robes extraordinaires, ce n'est pas compliqué : elles ne ressemblent pas aux autres ! Elles peuvent être de trois couleurs ou bien encore être tachetées.

Un poney dont les poils forment de larges taches de couleur porte une robe pie.

Les changements de robe

Un poney ne garde pas forcément la même robe toute sa vie. Certains en changent en grandissant ! Par exemple, un poulain né avec une robe noire peut devenir gris. Et certains poneys blanchissent quand ils sont vieux.

À sa naissance, le poulain lipizzan est tout noir. Une fois adulte, il sera blanc, comme sa maman !

Les marques

Certains poneys ont des taches de couleur
à des endroits particuliers de leur robe.
Ce sont des marques, et chacune porte un nom.

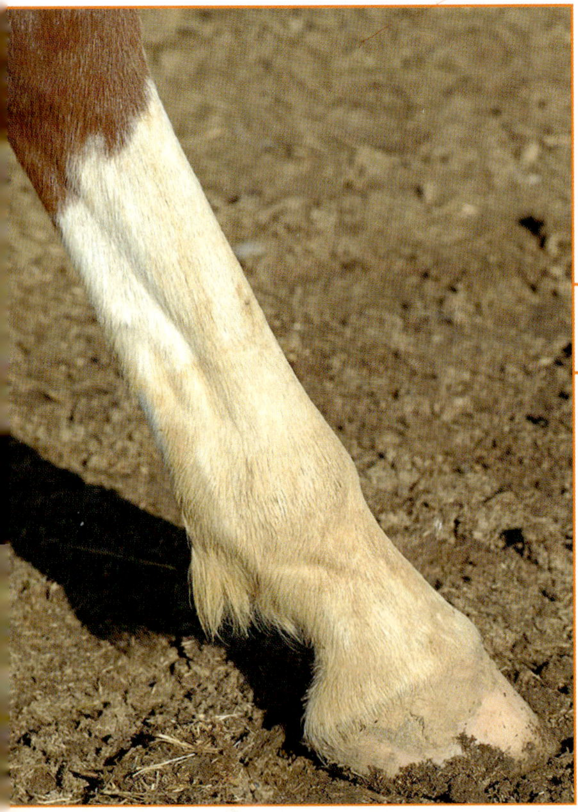

Les balzanes

Les balzanes ressemblent à des chaussettes. Elles « habillent » de blanc une ou plusieurs jambes du poney. Les petites balzanes marquent seulement le bas de la jambe, juste au-dessus du sabot.

Les grandes balzanes habillent tout le bas de la jambe.

Les raies de mulet

Une ligne de couleur sombre qui court sur le dos du poney depuis la crinière jusqu'à la queue est une raie de mulet. Pourquoi porte-t-elle ce nom? Le mulet est issu du croisement d'un âne et d'une jument. Et tous les mulets ont cette raie sur leur dos.

Les poneys qui ont une raie de mulet ont aussi parfois des zébrures sombres sur les jambes.

Une liste est une bande blanche qui descend du front vers les naseaux.

Les marques en tête

Les marques en tête sont des taches blanches que certains poneys ont sur la tête. Elles portent des noms différents selon leur forme et l'endroit où elles sont placées. Une marque blanche au milieu du front est une pelote.

Les allures

Un poney peut avancer au pas, au trot ou au galop.
C'est ce qu'on appelle les « allures ».
Chacune a une utilité précise et ses particularités.

Le pas

Quand un poney marche au pas, il lève et pose ses pieds l'un après l'autre. S'il fait de grandes foulées et avance rapidement, il marche au pas allongé.

Le pas est l'allure habituelle du poney. Comme pour l'homme !

Le trot

Quand un poney trotte, il lève en même temps la jambe avant droite et la jambe arrière gauche, puis la jambe avant gauche et la jambe arrière droite. S'il avance lentement, il est au petit trot. S'il avance rapidement, il est au grand trot.

Le trot est la meilleure allure pour effectuer de longs trajets.

Le galop est l'allure de la fuite.

Le galop

C'est l'allure la plus rapide. Entre chaque foulée, le poney est en suspension : aucun de ses pieds ne repose sur le sol ! Si le poney n'avance pas trop vite, il est au petit galop. S'il avance rapidement, il est au grand galop.

Un cheval qui marche l'amble marche comme les chameaux !

Marcher l'amble

Lorsqu'un poney avance en même temps sa jambe avant droite et sa jambe arrière droite, puis sa jambe avant gauche et sa jambe arrière gauche, il marche l'amble.

En famille

Dans la famille poney, on trouve l'étalon, la jument et le poulain. Et il y a aussi le hongre. Alors qui sont-ils ?

L'étalon est souvent plus fort et plus nerveux que les autres chevaux.

L'étalon

L'étalon, c'est le mâle, le papa du poulain. Chez les chevaux sauvages, c'est lui qui commande le troupeau. Et si c'est nécessaire, il défend les juments et les poulains. Chez les chevaux domestiqués, c'est lui qui assure la reproduction d'une race particulière.

La jument

La jument est la femelle, la maman du poulain. Chez les chevaux sauvages, elle vit avec d'autres femelles sous la protection de l'étalon. Chez les chevaux domestiqués, elle peut assurer la reproduction d'une race particulière. On la nomme alors « poulinière ».

La jument porte son petit dans son ventre pendant onze mois.

Le poulain

Le poulain est le petit de l'étalon et de la jument. Chez les chevaux sauvages, il reste dans le troupeau jusqu'à deux ans environ. Chez les chevaux domestiqués, il peut être séparé de sa mère plus tôt pour être dressé.

*Le poulain est un jeune mâle.
Et si c'est une jeune femelle ?
C'est une pouliche.*

Le hongre

Le hongre est un mâle qui a été opéré pour ne pas avoir de petits. Chez les chevaux sauvages, il n'y a pas de hongres. Chez les chevaux domestiqués, dans les poney-clubs ou les clubs hippiques, la plupart des mâles sont des hongres.

Le hongre est moins fort et moins nerveux que l'étalon… et plus facile à monter.

Poney, comment vis-tu ?

Le poney peut vivre dehors, dans un pré, ou dedans, dans une écurie. Mais il a besoin que l'on prenne soin de lui et que l'on comprenne son langage.

Vivre dehors

Etre dehors dans les prés, c'est vraiment ce que les poneys et les chevaux préfèrent. Surtout s'ils s'y trouvent avec d'autres, car ils ont horreur de la solitude !

Dans le pré, le poney a l'espace dont il a besoin. Mais il ne faut pas le laisser seul : il s'ennuierait.

Le pré

Au pré, le poney ne s'ennuie pas. Il passe beaucoup de temps à brouter. Il se repose. Il joue avec les autres poneys. Parfois, il part au grand galop pour se dégourdir les jambes. Il aime avoir de l'espace.

La clôture

Si le pré n'est pas délimité par une clôture, le cheval s'en ira n'importe où. Et cela peut être très dangereux pour lui. Mais, attention, le cheval a une très mauvaise vue ! La clôture doit donc être bien visible, en bois par exemple.

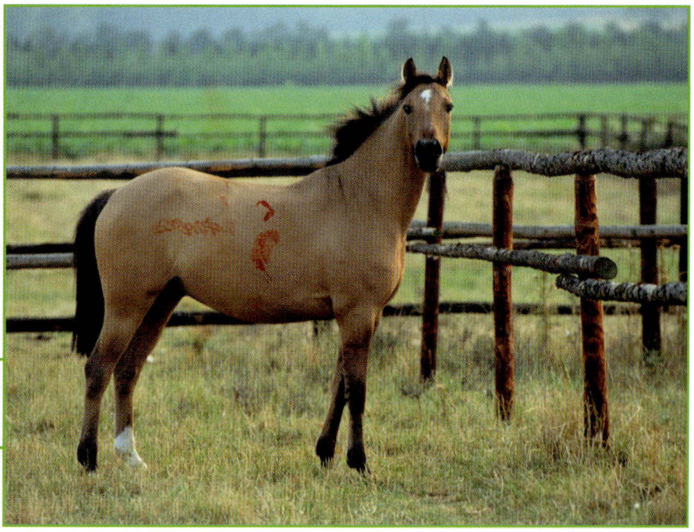

Si le cheval a tout ce qu'il lui faut dans son pré, il ne cherchera pas à franchir la clôture.

L'abri

Il fait chaud ? Le poney a envie de se mettre à l'ombre. Il pleut ? Il neige ? Le poney cherchera un abri pour se protéger. Et si celui-ci est assez grand pour accueillir plusieurs poneys, c'est encore mieux !

Grâce à la grande ouverture de l'abri, les poneys peuvent entrer et sortir facilement.

Pas si facile de faire basculer son corps d'un côté et de l'autre !

Se rouler sur le sol

Dans le pré, le poney a toute la place qu'il faut pour se rouler sur le sol. Et c'est bien agréable ! Si le poney a transpiré, il sèche son poil en se roulant. Et c'est aussi un bon moyen de se débarrasser des insectes.

L'abreuvoir

L'abreuvoir est très important pour le cheval : c'est là qu'il va venir pour boire. Et un cheval boit beaucoup, surtout l'été quand il fait chaud ! L'eau doit être claire, et l'abreuvoir toujours plein. Et l'hiver, si l'eau gèle, il ne faut pas oublier de casser la glace !

Pour boire, le cheval trempe sa bouche dans l'abreuvoir et aspire l'eau.

Vivre dedans

Quand ils vivent à l'intérieur, les poneys et les chevaux habitent une écurie. Et tout est prévu pour qu'ils soient bien installés et qu'on puisse prendre soin d'eux.

Le box

Le box est une petite « pièce » entièrement fermée. Elle est assez grande pour que le cheval puisse se coucher ou se rouler sans risquer de rester coincé. Il faut en retirer régulièrement la paille salie et le crottin. Quelquefois, le nom du cheval est inscrit sur le box.

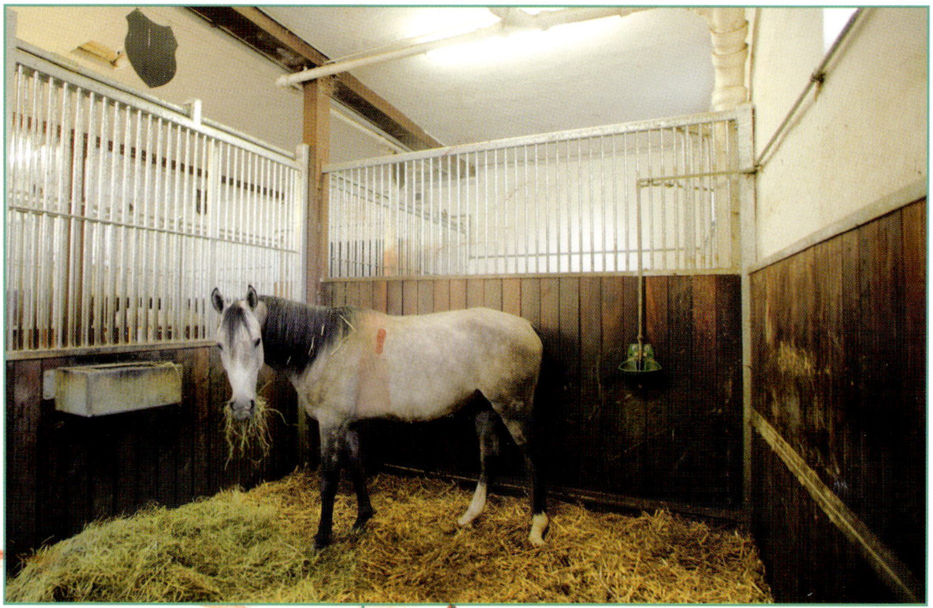

Dans le box, pas besoin d'attacher le cheval ! La porte l'empêche de sortir.

Dans une stalle, le cheval peut se coucher. Pour se rouler, c'est plus compliqué…

La stalle

La stalle est plus petite que le box. Elle est fermée sur trois côtés seulement. Si on ne veut pas que le cheval en sorte, il faut l'attacher à l'une des cloisons. Comme le box, la stalle est garnie de paille. C'est plus confortable et, si le cheval s'ennuie, il mâche de la paille.

Dans une écurie, les allées doivent être spacieuses pour que les poneys et les chevaux circulent facilement.

L'écurie

La maison des poneys et des chevaux s'appelle l'« écurie ». Elle est divisée en plusieurs parties. Certaines servent à loger les poneys ; d'autres à ranger le matériel dont on a besoin pour en prendre soin.

À table !

Le poney et le cheval sont des herbivores. Cela signifie qu'ils se nourrissent d'herbe et de végétaux. Mais ils sont aussi gourmands... et ils apprécient beaucoup les friandises.

Le foin

Le foin est de l'herbe que l'on coupe à la belle saison. Séchée au soleil et mise à l'abri, elle se conserve tout l'hiver. Les poneys qui vivent à l'écurie sont nourris avec du foin.

À l'écurie, le poney aime avoir du foin ou de la paille à grignoter. Ça l'occupe !

Les poneys choisissent les herbes qu'ils broutent. Ils ne mangent pas celles qui pourraient les rendre malades.

L'herbe

L'herbe est le principal aliment du cheval sauvage et des poneys qui vivent au pré. Il leur en faut une grande quantité pour nourrir leur corps imposant ! Au pré, le poney se déplace en mangeant et en digérant au fur et à mesure.

La pierre à sel

Le poney et le cheval ont aussi besoin de sel pour compléter leur alimentation. Mais il est difficile de saler un pré ou une botte de foin ! Alors, on leur donne une grosse pierre à sel qu'ils lèchent quand ils en ont envie.

La pierre à sel peut être accrochée dans un coin du box ou sur un support pour les poneys au pré.

Le grain

Un poney ou un cheval qui travaillent doivent aussi manger du grain pour rester en forme. L'orge, le maïs ou l'avoine leur donnent les forces dont ils ont besoin. Mais ils ne doivent pas trop en manger car cela pourrait les rendre malades.

Le grain ne remplace pas l'herbe ou le foin. C'est un complément dans l'alimentation du poney.

Les friandises

Le poney est un gourmand ! Il adore les carottes crues, les pommes (coupées en deux), les morceaux de pain bien durs, le sucre, les fruits secs et même le chocolat ! Quand il a bien travaillé, voilà sa récompense !

Un poney peut manger autant de carottes qu'il veut. Pour le sucre, attention, il ne faut pas en abuser !

Un sommeil de poney

Le poney dort peu… et dans de drôles de positions ! De plus, il a le sommeil très léger ! Pourquoi ? Pour être prêt à s'enfuir au moindre danger.

Demi-sommeil

Pour dormir, le poney ne s'allonge pas forcément dans l'herbe ou la paille. Au contraire, il reste debout. À quoi reconnaît-on un poney qui dort ? Il a la tête basse et les yeux mi-clos. L'une de ses jambes est légèrement pliée ; le poids de son corps repose sur les trois autres.

Il arrive aussi au poney de dormir allongé sur le sol. Mais il reste prêt à bondir sur ses pieds si c'est nécessaire.

Les poulains dorment plus que les adultes. Leur mère veille sur leur sommeil.

Le poney reste toujours aux aguets. Il dort… mais que d'un œil.

Parler poney

Pour parler, le poney n'utilise pas des mots.
Il hennit, et chaque hennissement a un sens différent.
Il utilise aussi son corps pour s'exprimer.

Le hennissement

Quand un poney pousse un cri, on dit qu'il hennit. Le hennissement a des sons différents. S'il est fort et dure longtemps, cela signifie que le poney est inquiet. Peut-être se demande-t-il où sont passés ses copains.

Si le poney est content, son hennissement sera joyeux.

Les oreilles du poney lui servent à entendre... et à communiquer ses humeurs !

Un poney en colère

Quand le poney est en colère, il allonge sa tête vers l'avant. Ses oreilles sont couchées vers l'arrière. Il relève sa lèvre supérieure et montre ses dents. Il balance vigoureusement sa queue de droite et de gauche. Attention, mieux vaut rester à l'écart !

À l'écoute

Quand un poney est très attentif, cela se voit !
Il garde la tête haute. Il est bien campé sur ses quatre jambes. Sa queue est légèrement relevée. Et ses oreilles ? Elles sont bien droites et pointées vers l'avant.

Le poney est très sensible. Au moindre bruit, il tourne ses oreilles.

Les oreilles du poney peuvent tourner dans n'importe quelle direction.

Un poney fatigué

Quand le poney est fatigué, il laisse pendre sa tête vers le sol. Ses yeux sont mi-clos. Sa queue est immobile. Et ses oreilles ? Elles tombent de chaque côté de sa tête. Peut-être est-il malade ?

Le poulain

La maman poney porte son petit dans son ventre durant onze mois. C'est le temps qu'il faut au poulain pour se préparer à venir au monde.

La naissance

En général, les poulains naissent au printemps. Ainsi, quand l'hiver arrive, ils sont assez forts pour le supporter. La ponette est une maman très attentive.

Venir au monde

Quand la mère sent que son petit arrive, elle devient nerveuse. Elle cherche un endroit où elle ne sera pas dérangée par les autres poneys. Très souvent, le poulain naît quand le jour se lève. Dans la nature, c'est le moment le moins dangereux…

Les jambes avant sont les premières à sortir du corps de la mère. Puis vient la tête, et enfin le reste du corps.

Réchauffer son petit

À la naissance, le poulain est tout mouillé ! Aussitôt, sa mère le lèche vigoureusement pour le sécher. C'est aussi une façon de faire connaissance. En le léchant, elle s'imprègne de son odeur. Ainsi, elle le reconnaîtra parmi tous les autres poulains !

Le poulain aussi mémorise l'odeur de sa mère. Impossible de la confondre avec une autre !

Le lait de sa mère
est la première
nourriture du poulain.

Premier repas

Dès que son poulain est sec, la mère l'encourage à se lever. Puis, du bout du nez, elle le pousse vers ses tétines. Le poulain tâtonne… Il ne les trouve pas toujours du premier coup ! Mais voilà, ça y est ! Il commence à téter.

Grandir comme un poulain

À côté de sa maman, le poulain a l'air minuscule et fragile. Pourtant, il sait déjà faire beaucoup de choses ! Et il apprend vite !

Une jument accompagnée de son poulain qui tète encore est une « jument suitée ».

Avec Maman

Les premiers temps, le poulain ne quitte pas sa mère. Il la suit partout. Il reste aussi près d'elle que possible en se collant contre son flanc. Il a peur de tout ! Rester à l'abri du corps maternel est pour lui un bon moyen de se cacher.

Haut perché

Les jambes du poulain sont très longues par rapport à son corps. Il donne vraiment l'impression d'être haut perché ! Et il est parfois embarrassé avec ses longs membres. Quand il aura six mois, il commencera à ressembler à un jeune adulte.

Ses genoux paraissent très gros… et ses sabots tout petits, petits !

Apprendre à brouter

La première nourriture du poulain est le lait de sa mère. Mais très vite, il essaie de l'imiter et il commence à brouter. Ce n'est pas facile ! Ses jambes sont si longues qu'il a du mal à toucher le sol avec sa bouche.

Pour goûter l'herbe, le poulain doit écarter largement ses jambes avant.

Se reposer

Grandir, c'est fatigant. Le petit poulain passe une grande partie de son temps à dormir. Il s'allonge sur le sol de tout son long, la tête dans l'herbe. Ou alors, il se couche « en vache », les jambes repliées, la tête posée dessus.

Le poney ne dort profondément que durant les premiers mois de sa vie. Plus tard, il aura un sommeil très léger.

À deux ans et demi, un poney est déjà grand… mais trop jeune pour être monté !

Déjà grand

Le poulain grandit beaucoup jusqu'à l'âge de six mois. Puis il continue à grandir, plus lentement, jusqu'à dix-huit mois environ. Ensuite, sa croissance ralentit. Il n'est vraiment adulte que vers cinq ou six ans.

Avec des Copains

Les premières semaines de sa vie, le poulain reste près de sa mère. Mais très vite, il devient curieux ! Et il a bien envie de faire la connaissance des autres poulains.

Jouer et grandir

Un poulain en bonne santé est un poulain qui joue... avec les autres poulains. Pour grandir et devenir un poney ou un cheval équilibré, le poulain a besoin d'exercice. Il galope joyeusement dans les prés et il lance des ruades aux quatre vents.

Quand on est amis, on se mordille gentiment, on se fait des câlins... à la manière poney.

En galopant, les poulains musclent leur corps. Ils apprennent aussi l'art de la fuite.

Parfois, deux poulains ont l'air
de se battre. Ce n'est qu'un jeu...
pour savoir qui est le plus fort.

Le débourrage

Si un poney est destiné à être monté, il doit apprendre à vivre avec les hommes. Son éducation débute quand il est tout petit. Puis on commence à le dresser : c'est le débourrage.

Pour faire connaissance avec un inconnu, le poney le renifle.

Mon ami poney

Dès que le poulain et sa mère ont fait connaissance, le poulain peut être caressé. Mais attention, il ne faut jamais le surprendre ! Si un geste brusque ou inattendu lui fait peur, il ne l'oubliera pas. Et il risque, en grandissant, de devenir un poney craintif ou nerveux.

Manipuler son poulain

Caresser un poulain, c'est l'habituer à sentir une main humaine un peu partout sur son corps. C'est aussi lui donner confiance. Si le poulain n'a pas peur d'être touché, il acceptera facilement une selle, puis un cavalier.

Caresser un poulain, c'est bien. Mais il est important que le poulain voie celui qui le caresse.

Le licol peut être en cuir. Pour les poulains, il est souvent en toile. La longe est une corde fixée au licol.

Le licol et la longe

Le licol et la longe sont les premiers « outils » qui permettent de prendre un poney en main. Avec le licol, le poulain s'habitue à porter quelque chose sur la tête. Avec la longe, on peut le promener.

Le rond de longe

Le rond de longe est un espace rond délimité par une barrière. Le dresseur se place au centre et demande au poulain de faire le tour du rond. Ainsi, le poulain s'habitue peu à peu à effectuer des mouvements précis et à obéir.

Dans le rond de longe, le poulain apprend son futur métier.

Les races de poneys

Il existe dans le monde
de nombreuses races de poneys.
Certains sont tout petits, d'autres
moyens et d'autres plus grands.
Tous sont solides et rustiques.

Les Poneys français

Plusieurs régions de France ont donné naissance à des races de poneys. Chaque race est différente. Elle est adaptée à la région où elle s'est développée.

Le landais

Le poney landais est né dans les Landes, d'où son nom. C'est une région de prairies et de forêts de pins. Certains landais sont petits et d'autres grands. Leur robe est baie, noire ou alezane. Hauteur au garrot : 1,18 à 1,47 m.

Le poney landais est fin et élégant. Ses crins sont abondants. Sa tête est carrée avec des petites oreilles pointues.

Le pottock

Le pottock est né dans les Pyrénées, au Pays basque. Certains pottocks vivent encore en liberté dans les montagnes. Le pottock est solide et ses sabots sont petits et durs. Sa robe est baie, alezane, noire ou pie. Hauteur au garrot : 1,15 à 1,47 m.

Le pottock a des crins abondants. Sa tête est forte avec des petits yeux vifs et des oreilles courtes.

Le poney français de selle

Le poney français de selle est né du mariage de plusieurs races de poneys français. Il est grand et élégant. Sa robe est en général baie, alezane ou grise, mais elle peut être d'une autre couleur. Hauteur au garrot : 1,25 à 1,47 m.

Le poney français de selle ressemble à un petit cheval. Sa tête est petite et ses crins sont peu abondants.

Les poneys britanniques

Le poney a toujours peuplé les îles Britanniques. En Angleterre, en Écosse, en Irlande, au pays de Galles, différentes races sont nées.

Le connemara

Le Connemara est le nom d'une région d'Irlande. C'est un pays montagneux, avec des lacs et des tourbières. Le poney connemara est né là et il s'est adapté. Il est petit et très résistant. Sa robe est souvent grise. Hauteur au garrot : 1,33 à 1,47 m.

Les jambes du connemara sont courtes. Pourtant, sauter les obstacles ne lui fait pas peur !

Le highland

Highland signifie « hautes terres ». C'est là que ce poney est né, dans les hautes terres du nord de l'Écosse et des îles Hébrides. Il est fort et il a très bon caractère. Sa robe peut être de différentes couleurs. Hauteur au garrot : 1,32 à 1,47 m.

Le highland est robuste. Son dos est large et son encolure puissante. Sa tête est fine et ses crins sont abondants.

Le welsh est un poney vif, doux, très élégant et intelligent. Sa tête est fine avec des naseaux bien ouverts.

Le welsh

Welsh signifie « gallois ». Les ancêtres de ce poney vivaient en liberté dans les collines du pays de Galles. Le climat y est rude et il y a peu de végétation. Alors le welsh est très résistant. Sa robe est souvent grise, mais elle peut être d'une autre couleur. Hauteur au garrot : 1,22 à 1,47 m.

Le dartmoor est petit mais très fort. Il a un dos musclé et des jambes fines. Son encolure est longue.

Le dartmoor

Pays de landes, de marécages et de mines, le Dartmoor est une région du sud de l'Angleterre. Le dartmoor est petit et a été dressé pour travailler dans les mines. Sa robe, souvent baie, peut être d'une autre couleur. Hauteur au garrot : 1,20 à 1,27 m.

Le shetland

Le shetland vient des îles… Shetland. Elles sont situées au nord de l'Écosse. Un vent glacé y souffle. Les montagnes sont rocailleuses et l'herbe y est rare. C'est là que le shetland est né.

Dans les îles Shetland, des poneys Shetland vivent en liberté.

Un modèle réduit

Le shetland vit dans une région où le climat est rude. Mais il s'y est très bien adapté ! Il est très petit, mais très costaud et robuste. Son poil est très épais, surtout en hiver. Sa queue et sa crinière sont bien fournies. Sa robe peut être de toutes les couleurs. Hauteur au garrot : 0,75 à 1,10 m.

Le shetland est vif, courageux et intelligent. Mais, attention, il peut être aussi très entêté !

Le shetland est tout court, tout rond, avec une petite tête massive. Ses grands yeux sont toujours bien ouverts.

D'autres Poneys

Des grands, des petits, des moyens… Des forts, des agiles, des rapides… D'autres races de poneys viennent de différents pays.

Le dos du fjord est long et sa poitrine, large. Sa tête est petite avec des yeux écartés.

Le fjord

Le poney fjord est norvégien et c'est l'une des races les plus anciennes du monde. Il est assez grand, puissant et résistant. Sa robe ne peut être que d'une seule couleur : isabelle, c'est-à-dire caramel clair. Sa crinière est toujours taillée en brosse. Hauteur au garrot : 1,35 à 1,45 m.

Le haflinger

Hafling est un village d'Italie du Nord. Le haflinger est né dans cette région de haute montagne où la neige reste six mois par an ! Il est donc résistant et solide. Sa robe est alezane, et sa crinière et sa queue sont blondes. Hauteur au garrot : 1,35 à 1,47 m.

Le haflinger est musclé. Ses jambes sont courtes. Sa tête est courte avec de petites oreilles.

Le falabella

Falabella est le nom d'un monsieur qui vivait en Argentine. C'est lui qui a « créé » le poney Falabella en mariant un petit pur-sang avec une ponette Shetland. Le falabella est le plus petit poney du monde ! Sa robe peut être de différentes couleurs. Hauteur au garrot : 51 cm en moyenne.

Le falabella a une crinière et une queue très abondantes. Il est trop petit pour être monté.

L'islandais

Le poney islandais vient… d'Islande, une grande île isolée dans le nord de l'océan Atlantique. L'islandais est très robuste. Il doit résister au froid, au vent et à la neige. Sa robe peut être de différentes couleurs. Hauteur au garrot : 1,25 à 1,40 m.

Le dos de l'islandais est court et musclé. Ses jambes sont solides. Sa queue et sa crinière sont bien fournies.

Camarguais et mérens

Certains poneys ressemblent à des chevaux et certains chevaux ressemblent à des poneys... Mais alors qu'est-ce qui différencie un poney d'un cheval ?

Une question de taille

Poney ou cheval ? Un poney doit mesurer moins de 1,47 m au garrot, là où l'encolure et le dos se rejoignent. Mais ce n'est pas si simple ! Certains chevaux mesurent moins de 1,47 m et restent des chevaux, et inversement. En fait, un poney est un « petit cheval », robuste, résistant et souvent intelligent.

Le camarguais vient de la région qui lui a donné son nom. Il est gris clair. Plus il vieillit, plus il blanchit.

Le camarguais mesure de 1,34 à 1,45 m. Pourtant, c'est un cheval, pas un poney.

Le mérens vient des Pyrénées. Il est tout noir. Il mesure de 1,35 à 1,50 m. C'est un grand poney… ou un petit cheval.

Les races de chevaux

Avec un cheval, on peut galoper,
sauter, partir en randonnée,
tirer de lourdes charges...
Tout dépend de sa race ! Et certains
chevaux savent tout faire !

Les américains

Les premiers chevaux sont arrivés en Amérique avec Christophe Colomb et les aventuriers qui l'accompagnaient. Ils ont donné naissance à plusieurs races.

L'appaloosa

La robe de l'appaloosa est tachetée… de toutes les façons possibles. Les appaloosas étaient élevés par les Indiens nez-percés. Chaque cheval avait une robe différente. On savait ainsi à qui il appartenait. Hauteur au garrot : 1,45 à 1,55 m.

L'appaloosa a une petite tête. Son corps est très musclé. Ses crins sont peu abondants.

Le mustang

Le mustang a longtemps été un cheval sauvage. Il parcourait librement les grands espaces de l'Amérique. C'était le cheval préféré des Indiens. Il résiste au froid, au vent, à la neige et il est capable de parcourir de grandes distances. Sa robe peut être de différentes couleurs. Hauteur au garrot : 1,40 à 1,50 m.

Le mustang est petit. Sa tête est large. Son dos est musclé et ses jambes sont robustes.

Le quarter horse a une tête et une encolure courtes. Son dos est fort et ses jambes arrière sont puissantes.

Le quarter horse

Le quarter horse est le cheval des cow-boys. Il peut galoper très vite. Il a très bon caractère et reste calme en toutes circonstances. C'est pour cela qu'il est très utilisé pour encadrer les troupeaux. Sa robe peut être de différentes couleurs.
Hauteur au garrot : 1,50 à 1,60 m.

Le pinto

Le mot *pinto* signifie « peint ». Et la robe du pinto est pie, comme si ses taches avaient été peintes ! On lui donne aussi le nom de *paint horse*, « cheval peint ». Il était très apprécié des Indiens qui aimaient les différences de robes.
Hauteur au garrot : 1,45 à 1,55 m.

Si la robe du pinto est blanche avec des taches sombres, c'est un tobiano. Si elle est sombre avec des taches claires, c'est un overo.

Les Chevaux du désert

Dans le désert, les conditions de vie sont difficiles. Il y fait très chaud ou très froid. La nourriture est rare et l'eau aussi. Pourtant, des chevaux s'y sont adaptés.

L'akhal-téké est petit et nerveux. Sa tête, son encolure, ses jambes et son corps sont fins et allongés.

L'akhal-téké

L'akhal-téké est le cheval des Tékés, une tribu turkmène. Il est adapté aux régions désertiques. Même sa robe a la couleur du désert : elle est souvent de couleur or. Elle peut être aussi baie ou grise, mais avec des reflets dorés. Hauteur au garrot : 1,45 à 1,60 m.

Le barbe

Le barbe est le cheval de Barbarie. C'est le nom que l'on donnait autrefois à l'Afrique du Nord, une terre de montagnes brûlées par le soleil. Le barbe peut parcourir de grandes distances et se contenter d'une nourriture pauvre. Sa robe peut être de différentes couleurs. Hauteur au garrot : 1,45 à 1,55 m.

La tête du barbe est forte avec des oreilles courtes. Ses jambes sont fines et solides. Ses sabots sont petits et très durs.

Le pur-sang arabe

On dit que le pur-sang arabe a plus de 3 000 ans et qu'il galope aussi vite que le vent ! C'est le cheval des tribus des déserts d'Arabie. Il n'est pas très grand, mais très résistant. Sa robe, toujours unie, peut être de différentes couleurs, le plus souvent gris très clair. Hauteur au garrot : 1,45 à 1,55 m.

La tête du pur-sang arabe est fine. Ses naseaux sont largement ouverts. Ses jambes sont longues et solides. Sa crinière est soyeuse.

Les Chevaux de sport

Les chevaux de sport sont doués pour la course. Ils trottent ou galopent très vite. Certains sont aussi capables de franchir des obstacles imposants.

L'anglo-arabe

Le cheval anglo-arabe est le résultat d'un mariage. Il est plus grand et plus fort que le cheval arabe ; il est moins allongé et moins capricieux que le pur-sang anglais. Et ce mélange est né… en France ! Sa robe est alezane, baie ou grise. Hauteur au garrot : 1,60 à 1,70 m.

Doué pour le saut, l'anglo-arabe a un dos long et musclé et des jambes fines.

Le pur-sang anglais

Le pur-sang anglais est né en Angleterre ! C'est un cheval de course et il peut courir très, très vite. Mais attention, il est fragile ! Il commence souvent la compétition dès l'âge de deux ans. Sa robe peut être de différentes couleurs. Hauteur au garrot : 1,60 à 1,75 m.

La tête du pur-sang anglais est très expressive. Son dos est droit et ses jambes sont longues.

Le trotteur français est solide et puissant. Son encolure est large et droite. Ses jambes sont musclées.

Le trotteur français

Le trotteur français est… français. C'est le spécialiste des courses de trot. Il peut trotter vite, régulièrement et longtemps. Il est quelquefois monté : il porte un cavalier sur son dos. Il peut être aussi attelé : il tire une petite carriole. Sa robe est baie ou alezane. Hauteur au garrot : 1,55 à 1,73 m.

Le selle français

C'est un champion du saut d'obstacles. Il est grand, puissant et il n'a pas peur de franchir de gros obstacles. Il est confortable et il a bon caractère. Aussi est-il souvent utilisé dans les clubs hippiques. Sa robe peut être de différentes couleurs. Hauteur au garrot : 1,60 à 1,75 m.

Le selle français, grand et élégant, a une encolure longue et des jambes solides.

Les rois du dressage

Certains chevaux savent faire des choses extraordinaires, comme danser au son de la musique ou bondir en l'air. Ce sont les «rois du dressage».

Le lipizzan

Le lipizzan est né à Lipica, en Slovénie. Il est robuste, souple, docile et a très bon caractère. Tous les poulains naissent noirs ou bruns. En grandissant, ils prennent leur robe définitive : blanche le plus souvent. Et plus ils vieillissent, plus ils blanchissent. Hauteur au garrot : 1,50 à 1,60 m.

Le corps du lipizzan est musclé, l'encolure forte et arrondie. Sa tête est allongée et ses oreilles sont courtes.

L'espagnol

L'espagnol vient du sud de l'Espagne. Il a un caractère en or et un grand sens de l'équilibre. Il est naturellement doué pour le dressage. Sa robe, presque toujours gris très clair, est parfois baie. Hauteur au garrot : 1,50 à 1,60 m.

L'espagnol a une tête fine avec de grands yeux expressifs. Sa crinière et sa queue sont très fournies.

Le lusitanien

La Lusitanie est l'ancien nom du Portugal, le pays d'origine du lusitanien. Il est courageux, intelligent et agile. Il est aussi obéissant et docile. Sa robe est le plus souvent grise, mais elle peut être d'une autre couleur. Hauteur au garrot : 1,50 à 1,60 m.

Le lusitanien a une petite tête et un corps rond et puissant. Ses jambes sont fines et solides.

Le holstein

Le holstein vient du nord de l'Allemagne. Ses ancêtres vivaient dans les marécages. C'est un cheval de grande taille. Il est fort et puissant, mais il a très bon caractère. Sa robe, souvent baie ou grise, peut être aussi d'une autre couleur. Hauteur au garrot : 1,60 à 1,75 m.

La tête du holstein est longue avec des naseaux très ouverts et des oreilles pointues. Il a une encolure fine et musclée et de longues jambes.

Le frison

Certains chevaux sont doués pour la course ; d'autres pour le saut d'obstacles ; d'autres encore pour l'attelage… Mais un cheval est doué pour tout : c'est le frison.

Bon à tout

Le frison, c'est un grand costaud tout noir. Il est originaire de Frise, une région des Pays-Bas. Ses ancêtres étaient déjà là il y a 3 000 ans ! Il n'a que des qualités : il est doux et de bonne volonté. Il est plein d'énergie et toujours enthousiaste. Il est loyal, obéissant et très joueur. Sa robe est noire sans aucune tache blanche. Hauteur au garrot : 1,50 m en moyenne.

Le frison est puissant et très fort. Il peut tirer des attelages et participer à des compétitions.

Le frison a l'air lourd, mais il est très élégant. Aucune figure de dressage ne lui fait peur, même les plus difficiles.

La tête du frison est longue
et étroite. Son dos est court. Sa crinière
et sa queue sont abondantes. Il porte
aussi des crins au bas des jambes.

Les chevaux de trait

Puissants et endurants, ils sont capables de tirer des charges importantes et d'effectuer toutes sortes de travaux. Ce sont les chevaux de trait. On les appelle aussi « chevaux lourds ».

Le shire a une encolure forte et un dos musclé. Le bas de ses jambes est couvert de longs poils.

Le shire

Le shire est anglais. C'est l'un des plus grands chevaux du monde. Il est immense et pourtant très doux et travailleur. Sa robe est noire, baie ou grise. Sa tête est ornée d'une liste. Hauteur au garrot : 1,70 à 1,80 m.

Le percheron

Le Perche est une région française qui a donné son nom au percheron. Le percheron est énergique, intelligent et docile. L'idéal pour tirer un outil dans un champ. Sa robe est grise ou noire. Hauteur au garrot : 1,50 à 1,70 m.

La tête du percheron est fine par rapport à son corps. Son encolure est longue, ses pieds sont hauts et forts.

L'ardennais a une tête expressive. Son dos est puissant et ses jambes sont musclées.

L'ardennais

L'ardennais tient son nom de la région des Ardennes. À l'époque de Napoléon, il tirait les canons! Pourtant, c'est un cheval tranquille et très gentil. Sa robe est souvent baie, parfois alezane. Hauteur au garrot : 1,55 à 1,60 m.

Le boulonnais

Le boulonnais est né au bord de la mer et c'est un cheval pêcheur! Dans l'eau jusqu'au ventre, il tirait un filet à crevettes. Il est énergique et a bon caractère. Sa robe est grise, alezane ou baie. Hauteur au garrot : 1,55 à 1,70 m.

La tête du boulonnais est petite et carrée. Son encolure est épaisse.

Le przewalski

Une seule race de chevaux n'a jamais été domestiquée : c'est le cheval de Przewalski. Il vit sur les hauts plateaux désertiques de Mongolie.

La vie en liberté

Les chevaux détestent la solitude. Le przewalski vit donc en petits troupeaux bien organisés : un étalon, des juments, des poulains. L'étalon est le chef. Il assure la surveillance et la protection du groupe. Hauteur au garrot : 1,30 à 1,40 m.

Si une jument s'éloigne, l'étalon la ramène vers le groupe. Il passe derrière elle, la tête baissée. Elle n'a plus qu'à obéir !

Pour rester le chef et conserver ses juments, l'étalon doit parfois se battre contre d'autres étalons.

Le przewalski est petit.
Sa crinière pousse tout droit
sur son encolure. Sa robe
est jaune sable à grise.

Les Soins et les métiers

La crinière, la queue, le poil, les pieds... Tout cela demande des soins. Grâce à ces soins, le poney reste beau et en bonne santé.

Le Pansage

Quand un poney vit dehors, son poil est sale, sa crinière emmêlée et ses sabots sont boueux. Avant de le monter, il faut lui faire sa toilette : c'est le pansage.

L'étrille

L'étrille est un grattoir muni de petites dents. Elle peut être en caoutchouc ou en fer. Elle sert à ôter la boue et la poussière du poil du poney. Il ne faut jamais la passer sur les parties les plus sensibles, comme la tête ou les jambes.

Il existe différentes sortes d'étrilles plus ou moins douces.

Le bouchon

Le bouchon est une grosse brosse en crin. Il sert à ôter la poussière et le poil mort. On le passe sur tout le corps du poney, fermement, dans le sens du poil.

Avec le bouchon, on insiste sur les parties du corps du poney qui sont en contact avec la selle.

La brosse douce

La brosse douce a des poils… tout doux ! Elle sert à éliminer la poussière restante et à lustrer le poil du poney. On la passe d'abord à rebrousse-poil pour enlever la poussière, puis dans le sens du poil pour le lisser.

La brosse douce est utilisée pour nettoyer la tête et retirer les dernières saletés.

Avant d'utiliser le couteau de chaleur, mieux vaut le faire sentir au poney. Il l'acceptera plus facilement.

Le couteau de chaleur

Le couteau de chaleur est un instrument composé d'un manche et d'une lame arrondie. Il sert à retirer l'eau du poney qui vient d'être douché ou la sueur du poney qui a transpiré.

Le cure-pied

Le cure-pied est un outil muni d'un petit crochet. Il sert à retirer la boue, les saletés ou les petits cailloux qui ont pu se coincer sous les sabots du poney.

Pour utiliser le cure-pied, il faut lever les pieds du poney un par un.

Le toilettage

Lorsqu'il fait très chaud, le poney peut être douché entièrement. Si on a envie qu'il soit très beau, on peut s'occuper des poils de sa crinière.

Une fois peignée, la crinière du poney sera toute propre et toute douce.

Le peigne

Le peigne est long et solide avec des dents espacées. Il sert à démêler les poils de la crinière et de la queue. Il doit être passé régulièrement, sans tirer sur les crins.

La douche

Doucher un poney sert à le rafraîchir. Mais il faut vraiment qu'il fasse bien chaud, sinon le poney pourrait tomber malade. Pour doucher un poney, on commence par les jambes. Puis le jet remonte doucement vers le corps.

Le jet d'eau qui sert à doucher le poney doit être doux pour ne pas l'effrayer ou le surprendre.

La tresse se termine par un petit élastique que l'on entoure ensuite d'un ruban de couleur.

Les nattes

Avec les crins tressés, le poney sera beau et élégant ! Pour réussir les nattes, la crinière doit être très propre, bien peignée et légèrement humide. Les crins sont ensuite séparés en grosses mèches, puis chaque mèche est tressée.

La tonte

À l'automne, poneys et chevaux mettent leur robe d'hiver : leur poil épaissit pour leur tenir bien chaud. Les chevaux qui travaillent ont quelquefois besoin d'être tondus sinon ils auraient trop chaud ! On leur tond alors une partie de leur poil.

Au cours de la tonte, des poils peuvent être conservés sur certaines zones. C'est comme si le cheval portait un habit !

La ferrure

Les sabots du poney poussent en permanence. Dans la nature, ils s'usent naturellement. Mais les pieds d'un poney qui travaille sur un sol dur doivent être protégés par des fers.

Avant de poser le fer, le maréchal-ferrant pare le pied : il taille le sabot pour enlever une partie de la corne.

Des souliers neufs

Les fers sont un peu les « chaussures » du poney. Ils empêchent la corne de s'user top vite. Il existe des fers de différentes tailles : petits pour les poneys Shetland par exemple, et très grands pour l'immense shire ! Poser un fer ne fait pas mal au poney car la corne, comme nos ongles, n'est pas une partie sensible.

Le maréchal-ferrant applique le fer chauffé sur le sabot pour en prendre l'empreinte.

Le maréchal-ferrant fixe le fer
au pied du poney avec des clous
qu'il plante dans la corne.

En bonne Santé

Prendre soin d'un poney, c'est aussi s'assurer qu'il reste en bonne santé. En le surveillant et en prenant quelques précautions, on peut éviter qu'il tombe malade.

Les dents

Les dents du poney continuent à pousser pendant toute sa vie ! Heureusement, elles s'usent quand il mange… mais pas toujours comme il le faudrait. Voilà pourquoi le poney doit recevoir régulièrement la visite du dentiste.

Dans la bouche d'un poney adulte, on trouve de 36 à 40 dents.

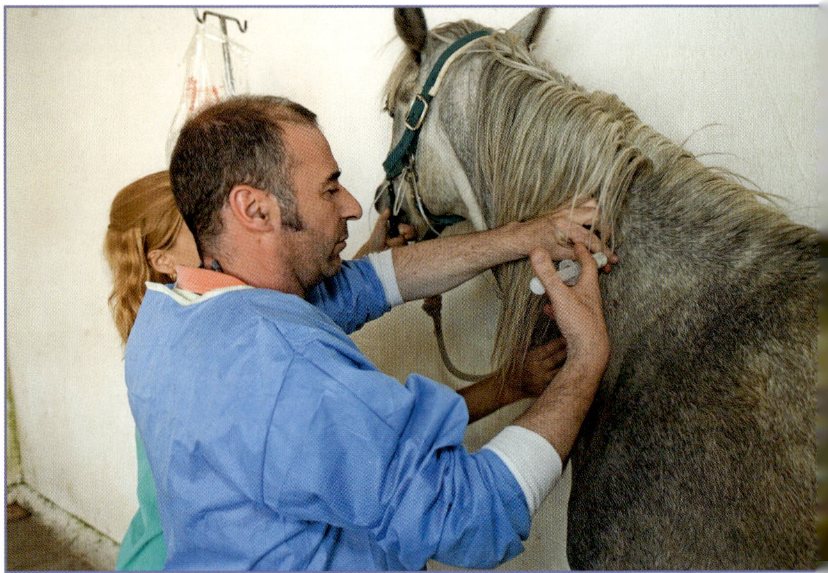

Grâce à une série de piqûres, le poney est protégé contre les maladies.

Les vaccins

Les vaccins empêchent le poney d'attraper certaines maladies graves, comme la grippe, le tétanos ou la rage par exemple. Chaque vaccin, chaque rappel est inscrit sur le carnet de vaccination du poney.

Un cheval tondu ou un cheval en convalescence apprécient d'avoir une couverture bien chaude.

La couverture

Certains chevaux sont frileux. Si le froid est trop vif, ils ont besoin d'une couverture. Celle-ci doit être bien ajustée sur le corps du cheval à l'aide de sangles pour ne pas le gêner dans ses mouvements.

Les guêtres

Les guêtres servent à protéger les jambes du poney quand il travaille ou quand on le transporte, dans un camion par exemple. Elles peuvent lui éviter certaines blessures. Si un poney heurte une barre en sautant un obstacle, les guêtres atténueront le choc.

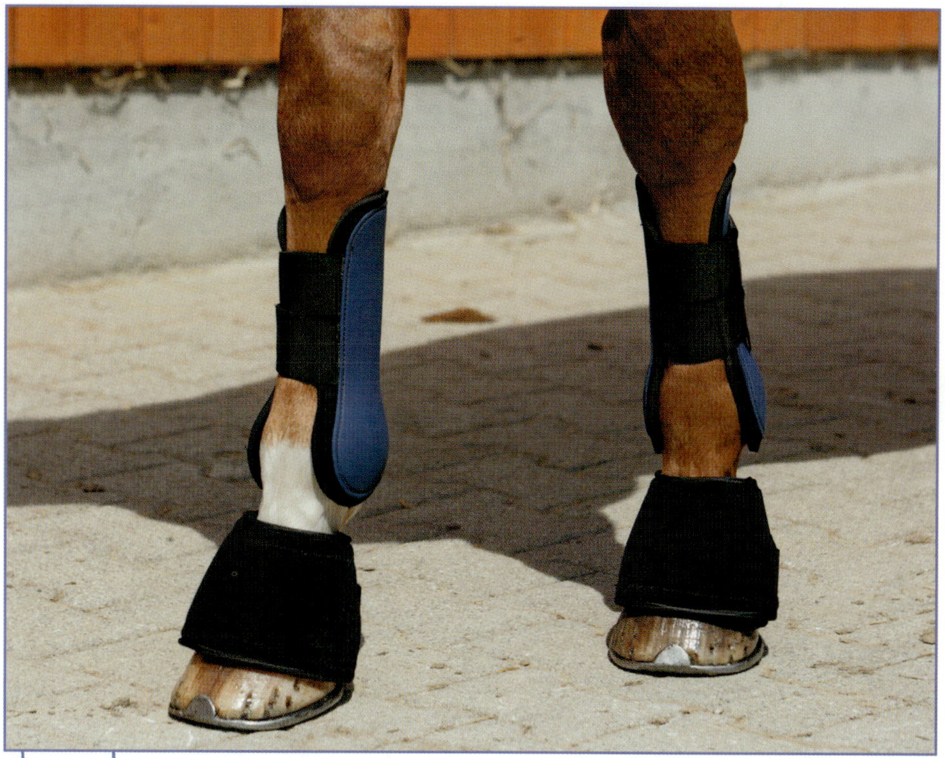

Les guêtres peuvent être en différentes matières. Elles sont fixées aux jambes du poney grâce à des courroies.

Les métiers du Cheval

Éleveur, vétérinaire, palefrenier, maréchal-ferrant... De nombreux métiers mènent au cheval ! À chacun d'eux correspondent des tâches précises.

L'éleveur

L'éleveur s'occupe de tout ce qui concerne l'élevage des chevaux. Il choisit l'étalon et la jument qui donneront naissance à un poulain. Il surveille et éduque les poulains. Il s'assure que les bâtiments et les prés conviennent aux chevaux qui y vivent.

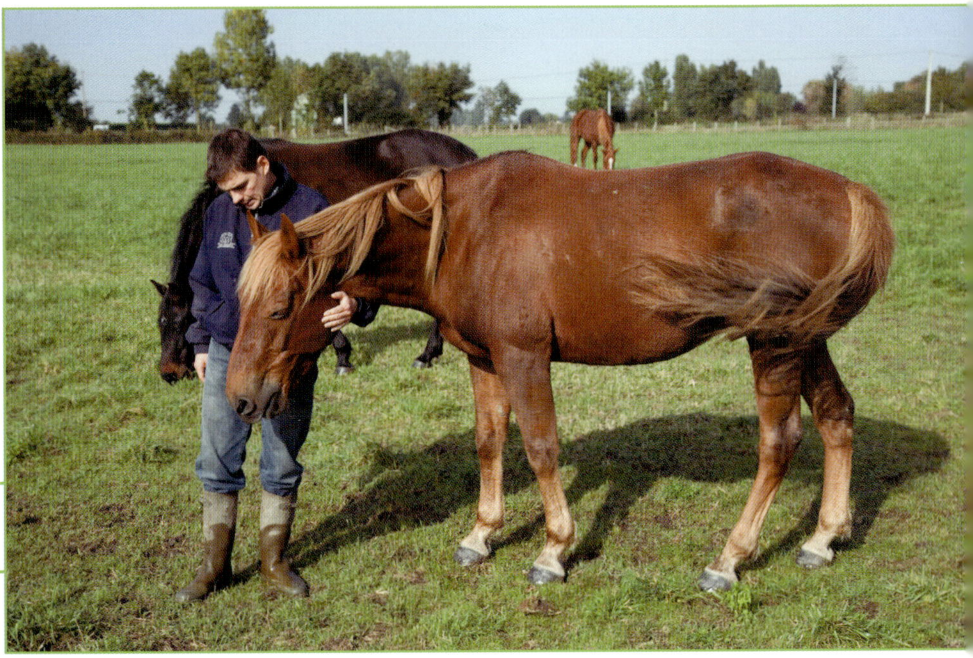

L'éleveur est patient, observateur et il connaît parfaitement les chevaux.

Le vétérinaire

Le vétérinaire est le docteur des animaux. Si un poney est malade, c'est lui qu'on appelle ! Régulièrement, il vient aussi examiner ses dents, faire les vaccins nécessaires et s'assurer qu'il est en bonne santé.

Un vétérinaire spécialisé dans les soins aux chevaux se nomme un hippiatre.

Le palefrenier

Le palefrenier prend soin des poneys au jour le jour. Il leur distribue les repas. Il nettoie leurs box. Il les panse et les soigne. Il les surveille et il leur parle !

Chaque jour, le palefrenier veille au confort des poneys et des chevaux.

Le maréchal-ferrant

Le maréchal-ferrant s'occupe des pieds des poneys. Si la corne des sabots est trop longue, il la taille. Pour chacun, il choisit les fers les plus adaptés et les pose. Il s'assure aussi que le poney est à l'aise et marche correctement.

Le maréchal-ferrant donne au fer la forme qui convient au sabot.

Le moniteur

Apprendre à seller, brider et diriger un poney, dresser des chevaux, conduire une reprise… Ce n'est pas facile d'enseigner l'équitation !

Le moniteur

Le moniteur apprend au cavalier débutant à préparer son poney puis à tenir dessus. Il prépare les cavaliers plus expérimentés au passage des galops ou à la compétition. Il s'occupe aussi de dresser les jeunes chevaux.

Quand les cavaliers travaillent ensemble dans un manège sous la direction d'un moniteur, on dit qu'ils sont en reprise.

Le moniteur fait travailler les chevaux. Ainsi, ils obéiront mieux à leurs cavaliers.

Le moniteur sait expliquer clairement aux cavaliers comment diriger leurs poneys.

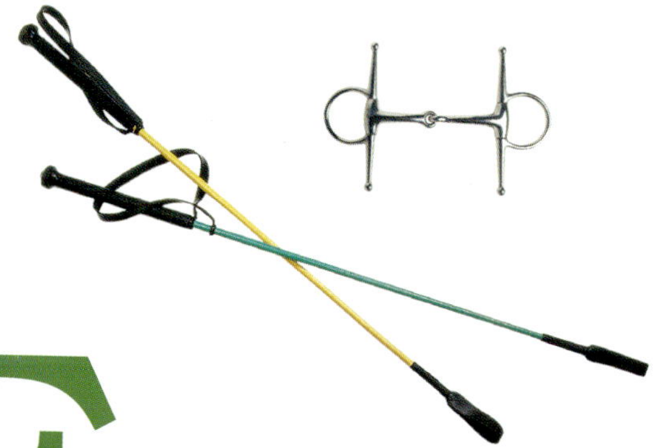

En Selle !

Pour monter un poney, il faut d'abord « l'habiller »... avec un tapis de selle, une selle et un bridon. Ce matériel peut être différent d'un poney à l'autre.

Le Poney-club

Le poney-club est l'endroit où l'on apprend à monter à poney.
C'est un ensemble de bâtiments et d'espaces extérieurs.
Il réunit tout ce qui est nécessaire aux poneys et aux cavaliers.

La sellerie

La sellerie est la pièce où les selles et le matériel sont rangés. Chaque selle est installée sur un support fixé au mur. Ainsi, elle ne s'abîme pas. Les filets sont accrochés à côté avec le nom du poney auquel ils appartiennent.

Dans la sellerie, chaque chose doit toujours être à sa place. Sinon, comment savoir quelle selle choisir pour son poney ?

Le club-house

Le club-house est une grande pièce réservée aux cavaliers. Ils peuvent s'y reposer après les cours. Ils peuvent aussi y consulter des revues et des livres sur les poneys.

Le club-house est l'endroit où les cavaliers se retrouvent avant ou après le cours.

Le sol de la carrière est fait de sable. Les poneys suivent la piste qui en fait le tour.

La carrière

La carrière est un vaste terrain rectangulaire entouré de barrières. Si le temps le permet, c'est là que les leçons se déroulent. Des lettres sont fixées sur la barrière : ce sont des points de repère utilisés pour travailler.

Avant de monter, chacun aligne son poney avec les autres, au milieu du manège.

Le manège

S'il pleut, si le temps est trop mauvais ou s'il fait nuit, la leçon se déroule à l'intérieur, dans un manège. Comme celui de la carrière, le sol du manège est souple, propre et bien entretenu.

La Selle

On peut monter sur un poney « à cru », c'est-à-dire directement sur le dos de l'animal. Mais la plupart du temps, on utilise une selle.

Le tapis de selle

La selle est le siège du cavalier. Mais elle ne doit pas déranger ni blesser le poney. Le tapis de selle se place entre le dos du poney et la selle. Ainsi, le poney est bien protégé.

La taille du tapis de selle est adaptée à celle du poney et à celle de la selle.

Il existe de nombreux modèles de selles anglaises. Elles peuvent être en cuir ou dans d'autres matières.

La selle anglaise

La selle anglaise est la plus utilisée pour apprendre à monter à poney. Les parties qui tombent sur les flancs du poney se nomment les quartiers. La partie située sur le dos s'appelle le siège. À l'avant du siège, c'est le pommeau ; à l'arrière, c'est le troussequin.

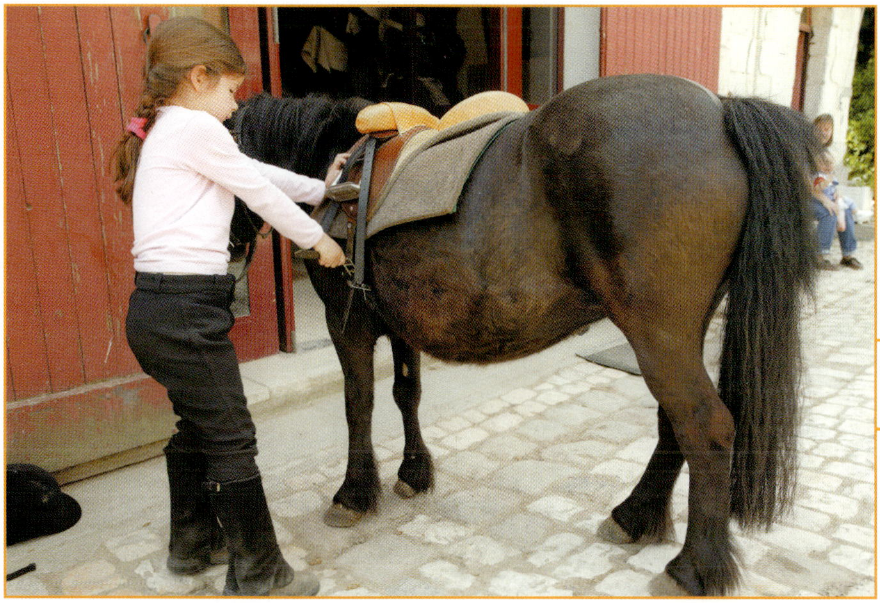

La sangle

La sangle permet de fixer la selle sur le dos du poney. C'est indispensable ! Sinon, la selle tomberait au premier mouvement du poney, et le cavalier avec elle.

La sangle passe sous le ventre du poney et s'attache de chaque côté à la selle. Elle doit être bien serrée.

Sur une selle d'amazone, une fourche est placée sur le côté de la selle. Une jambe passe en dessous, l'autre dessus.

Les étriers

L'étrier est un support pour le pied du cavalier. Grâce à lui, le cavalier est bien installé sur sa selle. S'il veut se pencher, il prend appui dessus. Et si le poney s'arrête brutalement, les étriers l'aident à garder son équilibre.

La selle d'amazone

Avec la selle d'amazone, le cavalier n'est pas à califourchon sur le cheval. Il a les deux jambes du même côté. Autrefois, cette selle permettait aux dames de monter à cheval avec leurs longues robes.

L'étrier est relié à la selle par une longue courroie, l'étrivière, qui est réglée à la taille des jambes du cavalier.

La bride

Pour diriger son poney, le cavalier utilise une bride. Elle doit être parfaitement adaptée au poney. C'est pour cette raison qu'il en existe de différentes sortes.

Le filet simple

Le filet simple, ou bridon, est composé d'un mors et d'un ensemble de courroies qui permettent de l'ajuster à la tête du poney. Les rênes sont fixées directement au mors.

La bride complète

La bride complète comprend deux mors. Elle comprend donc aussi quatre rênes ! Elle est réservée aux cavaliers confirmés. Elle est souvent utilisée avec les chevaux de dressage.

La bride complète permet au cavalier de donner des indications très précises à son cheval.

La partie qui passe derrière les oreilles du poney se nomme la têtière. Celle qui fait le tour du nez s'appelle la muserolle.

Le mors

Le mors est l'élément du filet qui se trouve dans la bouche du cheval. La partie centrale s'appelle le canon. Deux anneaux permettent de le relier aux rênes. Parfois une gourmette est ajoutée. C'est une chaînette qui passe sous le menton du poney.

Le mors de filet peut être brisé : le canon est en deux morceaux. Pour les jeunes chevaux, le mors peut être en caoutchouc.

Le hackamore

Le hacakmore est un mors… sans mors ! Il est placé sur le nez du cheval. Il est relié aux rênes par deux longues branches métalliques.

En randonnée, le hackamore permet au cheval de brouter et de boire à son aise.

Les aides artificielles

Pour bien se faire comprendre de son cheval, le cavalier a parfois besoin d'outils supplémentaires. Ce sont les aides artificielles.

Les éperons

L'éperon est un morceau de métal arrondi muni d'une courte tige. Le cavalier le fixe à son pied à l'aide de courroies. Les éperons servent à donner au cheval des indications très précises. Seuls les très bons cavaliers peuvent utiliser des éperons.

Certains éperons sont simples, comme ici. D'autres sont équipés d'une petite roue.

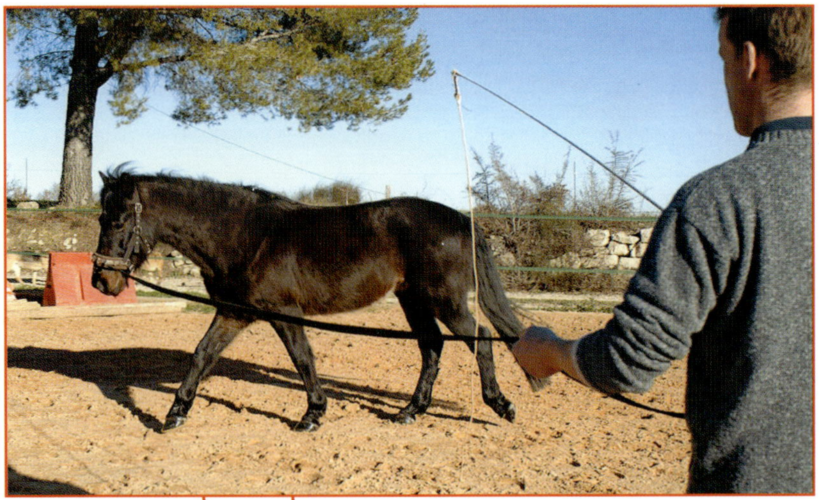

La chambrière n'est pas une aide artificielle. Elle aide le dresseur à faire comprendre au poney ce qu'il attend de lui.

La chambrière

La chambrière est un long fouet. Elle permet de faire travailler un poney dans une carrière ou dans un manège. La chambrière n'est pas utilisée pour frapper le poney. Elle sert à lui donner des indications.

La cravache

La cravache est une sorte de baguette. Elle est plus ou moins longue et plus ou moins souple. Elle sert à punir un poney qui n'obéit pas. Mais elle est aussi utilisée pour lui donner des indications précises.

La cravache peut être en cuir ou dans un autre matériau. Sa poignée se nomme la dragonne.

La tenue du Cavalier

Au début, pour monter à poney, un pantalon de jogging suffit. Le seul accessoire vraiment indispensable est la bombe.

À l'aise et protégé

Pour un cavalier, l'essentiel est d'être bien dans ses habits. Certains vêtements sont adaptés à la pratique du poney. Par exemple, la culotte de cheval. Elle doit être bien ajustée au corps. Elle est renforcée au niveau des genoux. Le gilet sans manches protège du vent et laisse les bras libres.

La bombe ou le casque protègent le cavalier en cas de chute. Ils doivent être parfaitement à sa taille.

Les bottes d'équitation ont un petit talon plat. Elles montent jusqu'aux genoux.

Si le cavalier porte des boots, il protège ses jambes avec des chaps. Les mini-chaps montent jusqu'aux genoux, les grandes jusqu'en haut des cuisses.

Culotte de cheval, bottes, bombe : voici la tenue classique du cavalier.

Les disciplines

Du concours d'obstacles à la danse, poneys et chevaux savent faire toutes sortes de choses ! Certains sont doués pour la compétition, d'autres pour le spectacle.

Les épreuves olympiques

Tous les quatre ans, des chevaux et leurs cavaliers participent aux jeux Olympiques. Les épreuves sont toutes bien définies.

Le concours d'obstacles

Dans le concours d'obstacles, le cheval et son cavalier effectuent un parcours. Ils doivent sauter des obstacles dans un ordre précis. Si une barre tombe, si le cheval refuse de sauter, si le cavalier fait une chute, ils perdent des points !

Dans certaines épreuves, le cheval et le cavalier doivent effectuer le parcours dans un temps précis.

Le dressage

Dans l'épreuve de dressage, le cavalier fait exécuter à son cheval une série de figures. Dans le piaffer, le cheval danse sur place. Dans la pirouette, il tourne sur lui-même.

En dressage, le cheval et le cavalier sont toujours légers et élégants.

Le concours complet

Le concours complet porte ce nom car il comporte trois épreuves : le saut d'obstacles, le dressage et le fond. Dans l'épreuve de fond, les concurrents réalisent plusieurs parcours dans la nature, avec et sans obstacles.

En concours complet, le cheval et le cavalier doivent avoir beaucoup d'endurance.

La récompense

Pour chaque épreuve, les gagnants sont récompensés. Le cavalier reçoit une coupe et quelquefois une plaque. Le nom de l'épreuve, la date et la place du cavalier sont inscrits sur la plaque. Son cheval est décoré avec un flot. C'est une petite rosace ornée de rubans. Elle est accrochée à la têtière de son filet.

Le cavalier qui a gagné l'épreuve reçoit parfois une statuette.

Les courses

Dans le monde entier, des courses de chevaux sont organisées. Elles ont lieu dans des hippodromes qui sont de grands espaces avec des pistes aménagées.

Les courses de galop

Les courses de galop sont les plus populaires. Les chevaux et les cavaliers commencent par s'échauffer. Puis ils se placent en ligne dans des « boîtes ». Ce sont de tout petits box au début de la piste. Au signal, les portes s'ouvrent et les chevaux s'élancent.

Dans une course de galop, tout va très vite. En quelques minutes, c'est terminé.

Les courses de haies

Dans les courses de haie, les chevaux galopent et sautent des haies. Les haies sont placées régulièrement sur le parcours. Elles sont hautes et larges.

Les haies sont faites de petits arbustes. Pas de danger pour les chevaux !

Le trot attelé

Dans les courses de trot attelé, les chevaux tirent une voiture très légère, appelée sulky. Le conducteur est assis sur un petit siège. Ses jambes sont écartées et tendues. Ses pieds sont posés sur des repose-pieds.

Dans les courses de trot, le cheval n'a pas le droit de galoper. S'il galope, il est éliminé.

Le jockey

Un cavalier qui monte des chevaux de course est un jockey. Quand il est à cheval, ses étriers sont réglés si haut qu'il est presque debout au-dessus de la selle !

Un jockey et sa selle ne doivent pas dépasser un certain poids. Sinon, le jockey n'a pas le droit de concourir.

Les jeux équestres

Les poneys et les chevaux aiment jouer. Les cavaliers aussi. Il existe toutes sortes de jeux équestres pour les grands et pour les petits.

Au polo, les cavaliers doivent être vifs et rapides.

Le polo

Au polo, deux équipes de quatre cavaliers s'affrontent. Chaque cavalier est muni d'un long maillet. Avec ce maillet, il frappe une balle qui roule et rebondit sur le sol pour l'envoyer dans les buts de l'adversaire.

Les pony games

Les pony games sont des jeux d'équipe à poney. Ils sont nés en Angleterre, mais dans le monde entier, des enfants et des poneys y jouent en suivant les mêmes règles. Il existe de nombreux jeux différents et même des compétitions de pony games !

Cette jeune cavalière s'entraîne au jeu des quatre drapeaux avant le début du championnat de pony games.

Le horse-ball

Le horse-ball, c'est un peu le basket-ball à cheval. La balle de horse-ball est un ballon muni de six anses. Les cavaliers d'une même équipe doivent se le passer pour finalement l'envoyer dans le panier de l'adversaire.

Il faut être agile pour ramasser le ballon quand celui-ci est tombé sur le sol !

La Voltige

En voltige, le cavalier n'est pas forcément assis sur son poney ou sur son cheval. Il peut être debout, sur les mains, ou encore au-dessus, ou même à côté de lui !

En voltige traditionnelle, le cheval est tenu en longe et galope en rond.

La gymnastique à cheval

La voltige, c'est un peu de la gymnastique à cheval. Pendant que le poney ou le cheval galope, le cavalier effectue toutes sortes de figures acrobatiques. Certaines sont faciles, d'autres beaucoup plus difficiles ! Un cheval de voltige doit être calme, courageux et obéissant.

Le surfaix de voltige comprend deux poignées pour le cavalier. Il est fixé sur le dos du cheval à l'aide d'une sangle.

En voltige en ligne, le cheval n'est pas tenu et galope en ligne droite.

Les attelages

De nombreux poneys et chevaux peuvent être attelés. Tout seul, à deux ou à plus. Et il existe toutes sortes de voitures pour partir se promener !

L'attelage à un cheval

Si la voiture à tirer est légère, un seul cheval suffit pour la faire avancer. Le cheval est placé entre les brancards. Ce sont les deux longues tiges qui prolongent la voiture.

Une voiture légère peut comporter deux ou quatre roues.

Le harnais

Le harnais relie la voiture au cheval. Il est principalement en cuir. Grâce à lui, le cheval peut tirer la voiture. Grâce à lui encore, le cocher peut diriger le cheval, retenir ou faire reculer l'attelage.

Le harnais est constitué d'un ensemble de courroies solides.

Dans l'attelage à deux chevaux, les deux chevaux doivent être de la même taille. Et s'ils sont aussi de la même couleur, c'est plus joli.

L'attelage à deux chevaux

Si la voiture à tirer est plus lourde, deux chevaux sont nécessaires. Ils peuvent être placés côte à côte, de chaque côté du timon. S'ils sont placés l'un derrière l'autre, il s'agit d'un attelage en tandem.

Les quatre chevaux de l'attelage doivent être capables d'avancer à la même vitesse.

L'attelage à quatre chevaux

Si la voiture à tirer est grosse et très lourde, il faudra quatre chevaux. Deux devant et deux derrière. Et pour les diriger tous, on utilise de très longues rênes !

Les chevaux au travail

Le cheval est un grand travailleur ! Il peut accomplir des tâches variées, à la ville, à la campagne, dans des domaines très différents.

La garde républicaine

La garde républicaine est un régiment de cavalerie. Chevaux et cavaliers sont en uniforme. La robe du cheval est d'une couleur particulière selon la fonction de son cavalier. Par exemple, si le cavalier fait partie de la fanfare, la robe du cheval est obligatoirement alezane.

Le 14 Juillet, les chevaux de la garde républicaine défilent derrière le président de la République.

Les cascadeurs

Certains chevaux sont des acteurs. Au cinéma, ils franchissent des flammes ou sautent du haut d'une falaise. Mais ils ne risquent rien ! Pour accomplir ces exploits, ils ont été dressés et entraînés.

Au cinéma, le cavalier est lui aussi un cascadeur. Il effectue de nombreuses acrobaties.

Le débardage

Quand du bois est coupé dans une forêt, il faut ensuite sortir les troncs. C'est le débardage. Les chevaux peuvent effectuer ce travail sans abîmer le sol ni les autres arbres.

Pour débarder le bois, on utilise des chevaux de trait.

Les Chevaux en spectacle

Les chevaux savent se donner en spectacle. Sous la lumière des projecteurs, ils offrent aux spectateurs émerveillés le rêve et la poésie.

Cheval de cirque

Au cirque, le cheval évolue sur une piste ronde. Sur une telle piste, il est à l'aise pour galoper avec son cavalier. Un cheval de cirque doit être calme pour supporter le public, les éclairages et les voyages. Il doit également être intelligent et beau.

Dans certains cirques, les chevaux évoluent en liberté. Leur dresseur les dirige à distance.

Dans certains spectacles, ici « Voyage aux Indes galantes », de Bartabas, cavaliers et chevaux évoluent en costume.

Des enfants cavaliers jouent parfois dans un spectacle équestre. Ici, la compagnie Hasta Luego.

Les Chevaux en randonnée

Avec un cheval, on peut aussi partir en voyage. Pour une simple journée ou plusieurs mois… à condition de respecter certaines règles et d'être bien équipé.

Voyager à cheval

Le cheval de randonnée est un cheval solide. Il doit porter son cavalier et tous ses bagages ! Il doit aussi avoir l'habitude des chemins caillouteux qui montent ou qui descendent.

En randonnée, le cavalier porte des habits confortables. Il n'oublie ni son chapeau ni son imperméable.

La selle de randonnée

La selle de randonnée a un siège creux et très confortable. Derrière la selle, on peut installer des sacoches de chaque côté. Un tapis de selle bien épais protège le cheval des frottements.

La selle de randonnée comporte des anneaux pour y attacher les sacoches.

Le cheval et l'eau

Les chevaux aiment l'eau. En randonnée, traverser un ruisseau ou une rivière n'est pas un problème. Mais il faut bien tenir son cheval : il pourrait se rouler dans l'eau avec sa selle… et son cavalier !

En frappant l'eau de ses sabots, le cheval s'asperge. C'est une bonne façon de se rafraîchir.

Sur la route, les chevaux avancent en file indienne. Le cavalier de tête dirige le groupe.

La sécurité routière

En randonnée, chevaux et cavaliers traversent des routes. Ils doivent faire attention aux voitures, aux vélos, aux motos et respecter le code de la route.

Le cheval peut monter sans crainte dans le van grâce au plan incliné.

Le van

Le van sert à transporter les chevaux. Il est attelé à une voiture ou à une camionnette. Certains vans peuvent transporter un cheval, d'autres deux.

771
773

Les peuples cavaliers

Dans certains pays, les chevaux partagent la vie des hommes. Ce sont des compagnons de travail. On les utilise pour se déplacer. Et ils participent aux fêtes !

Les gardiens de troupeaux

Dans certaines régions du monde, les troupeaux vivent sur d'immenses espaces. Pour s'en occuper, les hommes utilisent des chevaux.

Le cheval de gardian est le camargue. Il a le pied sûr et ne craint pas l'eau salée.

Les gardians

Les gardians vivent dans le sud de la France, en Camargue. C'est une région d'herbe et d'eau. On y élève des taureaux et des chevaux.

Les cow-boys

Les cow-boys vivent en Amérique du Nord. À cheval, ils patrouillent pour vérifier les clôtures, ou encore rassembler les troupeaux. Leurs chevaux sont dressés pour accomplir certaines tâches, par exemple séparer un veau de sa mère.

Chapeau, lasso, chaps, bottes : voilà l'équipement du cow-boy.

Les « cow-boys » d'Afrique

Les Oromos vivent en Afrique, en Éthiopie. Sur les hauts plateaux, ils surveillent, à cheval, des troupeaux de petites vaches.

Les cavaliers oromos n'utilisent pas de mors. Ils dirigent leurs chevaux avec une rêne et une baguette.

Les gauchos

Les gauchos vivent en Amérique du Sud, en Argentine. Ils surveillent les troupeaux dans la pampa et passent une bonne partie de leur vie à cheval. Si les pumas rôdent, ils passent même la nuit sur leur monture !

Le cheval du gaucho est en général un criollo. Il est volontaire et résistant.

Le cheval du stockman est un brumbie ou un waler. Le waler est un cheval résistant qui a bon caractère.

Les stockmen

Les *stockmen* vivent en Australie. Leur nom signifie « hommes de bétail ». Comme les cow-boys d'Amérique du Nord, ils s'occupent des troupeaux à cheval et participent à des rodéos.

Des Chevaux pour vivre

Le cheval est souvent utilisé pour se déplacer. Mais il ne sert pas seulement à cela ! Grâce à lui, on peut aussi se nourrir, chasser et même se chauffer !

Pour se nourrir

En Mongolie, les nomades mongols ont l'habitude de traire les juments. Ils boivent le lait fermenté, appelé « koumis ». C'est un aliment très nourrissant.

Quand elle a eu un petit, la jument produit assez de lait pour la traite.

Pour se chauffer

Le crottin de cheval est un excellent combustible. Il sèche à l'air et au soleil. Il est ensuite ramassé. Il brûle alors très bien et alimente les feux des nomades.

Une fois sec, le crottin est ramassé et transporté au campement pour se chauffer et cuisiner.

Les chevaux mongols sont de petite taille, mais ils sont extrêmement solides.

Pour chasser

En Mongolie, les Kazakhs chassent avec des chevaux et des aigles. Les chevaux les emportent dans la montagne. Ils sont dressés pour supporter les aigles. Et les aigles sont dressés pour repérer et poursuivre le gibier.

Les Chevaux et les Indiens

Difficile d'imaginer un Indien sans cheval ! Pendant longtemps, les chevaux ont partagé la vie des tribus. Ils les accompagnaient dans leurs déplacements.

Lors des rassemblements, les Indiens portent leurs costumes traditionnels et dressent leurs tipis.

La tradition indienne

Autrefois, pour les Indiens, le cheval était un bien précieux. Ils l'utilisaient pour tirer leurs attelages, transporter les tentes, chasser le bison. Aujourd'hui, des rassemblements rappellent cette tradition.

Aujourd'hui encore, les enfants indiens qui le souhaitent apprennent à monter à cheval.

Au début, les Indiens montaient à cheval sans selle. Ils utilisaient juste un tapis.

Les fêtes à cheval

Un peu partout dans le monde, de grandes fêtes rassemblent cavaliers et chevaux. Elles rappellent des traditions et des coutumes anciennes.

Dans les fantasias, chevaux et cavaliers portent des habits de fête.

La fantasia

En Afrique du Nord, les fantasias ont lieu lors d'un pèlerinage ou d'un mariage par exemple. Plusieurs dizaines de cavaliers galopent de front en tirant en l'air des coups de fusil.

Le rodéo

Le rodéo est le sport traditionnel des cow-boys d'Amérique du Nord. Quel est le but du jeu ? Très simple : le cavalier doit rester le plus longtemps possible sur un cheval qui essaie de le mettre à terre !

Les chevaux de rodéo sont sélectionnés pour leur mauvais caractère.

La poste hongroise

Pour la poste hongroise il faut cinq chevaux et un cavalier. Le cavalier est debout sur les deux derniers chevaux, une jambe sur chacun ! Et il dirige l'ensemble.

Pour pratiquer la poste hongroise, il faut des années d'entraînement et un excellent équilibre.

Le yabusame

Le yabusame se pratique au Japon. C'est une épreuve de tir à l'arc à cheval. Le cavalier doit planter ses flèches dans la cible pendant que son cheval galope !

Munis d'un petit fouet, les enfants mongols encouragent leurs chevaux.

Le cavalier-archer porte un kimono de fête lorsqu'il pratique le yabusame.

La fête du Nadam

En Mongolie, lors de la fête du Nadam, des courses de chevaux sont organisées. Certaines sont destinées aux enfants qui lancent leurs chevaux au galop dans les vastes espaces.

Index

Crédit photo

ARCHIV/BOISELLE

G. BOISELLE : p. 15, 24 (b), 25, 28 (b), 36 (h), 46 (h), 55 (b), 57 (h), 58 (b), 59, 62 (h), 76 (d), 82 (b), 90 (d), 92 (h), 100 (h), 104, 106 (h, b), 107 (b), 108 (h), 109, 115 (b) ; M. ANDERSSON-GUEYE : 18 (b), 19 (b), 31 (h), 33 (b), 37 (b), 95, 100 (b), 101 (b), 103 ; U. NEDEENS : p. 17 (b) ; U. RAFALL : p. 41 (h), 74 (b), 81 (b) ; J. TOFFI : p. 60 (h), 61 (b), 98 (h, b) ; C. SLAWIK : p. 63 (h), 71 (b), 79 (h), 89 (bd), 105, 112 (b), 113 (m, b).

ARIOKO

J.-M. LABAT : couverture, p. 17 (h), 28 (h), 61 (h) ; K. DAMMAN : 4e de couverture (hd), p. 7 (hm), 11 (bg), 14 (hg), 27 (h, b), 44 (h), 70, 71 (hg), 72 (h), 83, 84, 92 (b) ; J.-P. MONNIER : 4e de couverture (bg), p. 11 (hd), 16 (b), 33 (h), 66 (b) ; R. WATTIER : p. 4, 5, 9 (h, b), 21 (b), 23 (bd), 27 (c), 29, 31 (b), 51 (h), 72 (b), 73 (c), 75 (b), 80 (h, b), 81 (h), 85 (b), 86 (h), 88 (h), 89 (h), 91 (h), 125 ; P. GEHLHAR : p. 6 (mb), 20, p. 22 (h), 53 (b) ; F. CHEHU : p. 7 (mh), 38 (b), 54, 68 (h, b), 110 (b), 111 ; P. MIRISKI : p. 12 (h, b), 13 (h), 19 (h), 26 (b), 56 (h), 57 (b), 75 (h), 76 (g), 102 (h), 110 (h), 121 (b) ; F. FOUQUET : p. 21 (h), 82 (h), 87 (b), 89 (h), 93 ; G. FLEURY : p. 26 (h) ; Y. LANCEAU : p. 30 (h), 43 (h), 45 ; A. LEMOINE : p. 40 (h) ; Ph. CLÉMENT : p. 48 (h), 91 (h) ; J.-M. LABAT-F. ROUQUETTE : p. 48 (b), 60 (b), 78 (b) ; W. VAN STEEN : p. 53 (h) ; Ph. ROCHER : p. 67 (h, b), 77.

B. LANGRISH : p. 30 (b), 113 (m).

CORBIS

M. SETBOUN : p. 7 (b), 114 ; CORBIS : p. 7 (hm), 84 ; D. CONGER : p. 7 (bm), 96, 118 (h, b) ; F. SHAWN : p. 97 (b) ; K. R. MORRIS : p. 99 (h) ; K. HOUGHTON : p. 99 (b), 104 (d), 117 (h) ; P. PERRIN/SYGMA : p. 101 (h) ; G. MARX : p. 115 ; Ch. BOISVIEUX : p. 116 (h) ; G. RANCINAN/SYGMA : p. 116 (b) ; i. VAYRON/SYGMA : p. 117 (m) ; A. WRIGHT : p. 119 ; B. A. VIKANDER : p. 120 (h) ; M. ANGEL WYNN : p. 120 (b), 121 ; S. CARDINALE/PEOPLEAVENUE : p.. 122 (h) ; BOHEMIAN NOMAD PICTURESMAKERS : 122 (b) ; T. BOGNAR : p. 123 (m) ; K. MAYAMA : p. 123 (b)

EYEDEA

B. MORANDI/ HOA-QUI : p. 30 (d), 123 (h).

MILAN

P. MASSACRET : p. 85 (hd), 86 (b), 90 (g), 91 (c), 94 (bg) ; D. CHAUVET : 4e de couverture (hm), dos, p. 85 (hg).

SORREL/GABRIELE KÄRCHER

4e de couverture (m), p. 6 (h, mb, b), 8, 10 (h, b), 13 (b), 16 (h), 18 (h), 22 (b), 23 (h, m), 32, 34 (h, b), 36 (b), 37 (h), 38 (h), 39, 42, 43 (b), 47 (h), 50 (h, b), 51 (b), 53, 55 (h), 56 (b), 58 (b), 63 (b), 64 (h, b), 65, 66 (h), 69, 72 (h, b), 74 (h), 78 (h), 88 (b), 89 (d), 91 (b), 94 (bd), 107 (h), 112 (h).

SUNSET

G. BUTHAUD : p. 87 (h), 97 (h), 102 (b) ; JUNIORS BILARCHIV : p. 49, 113 (h) ; BRAKE : p. 117 (h) ; S. FREDERICK : p. 97 (b).